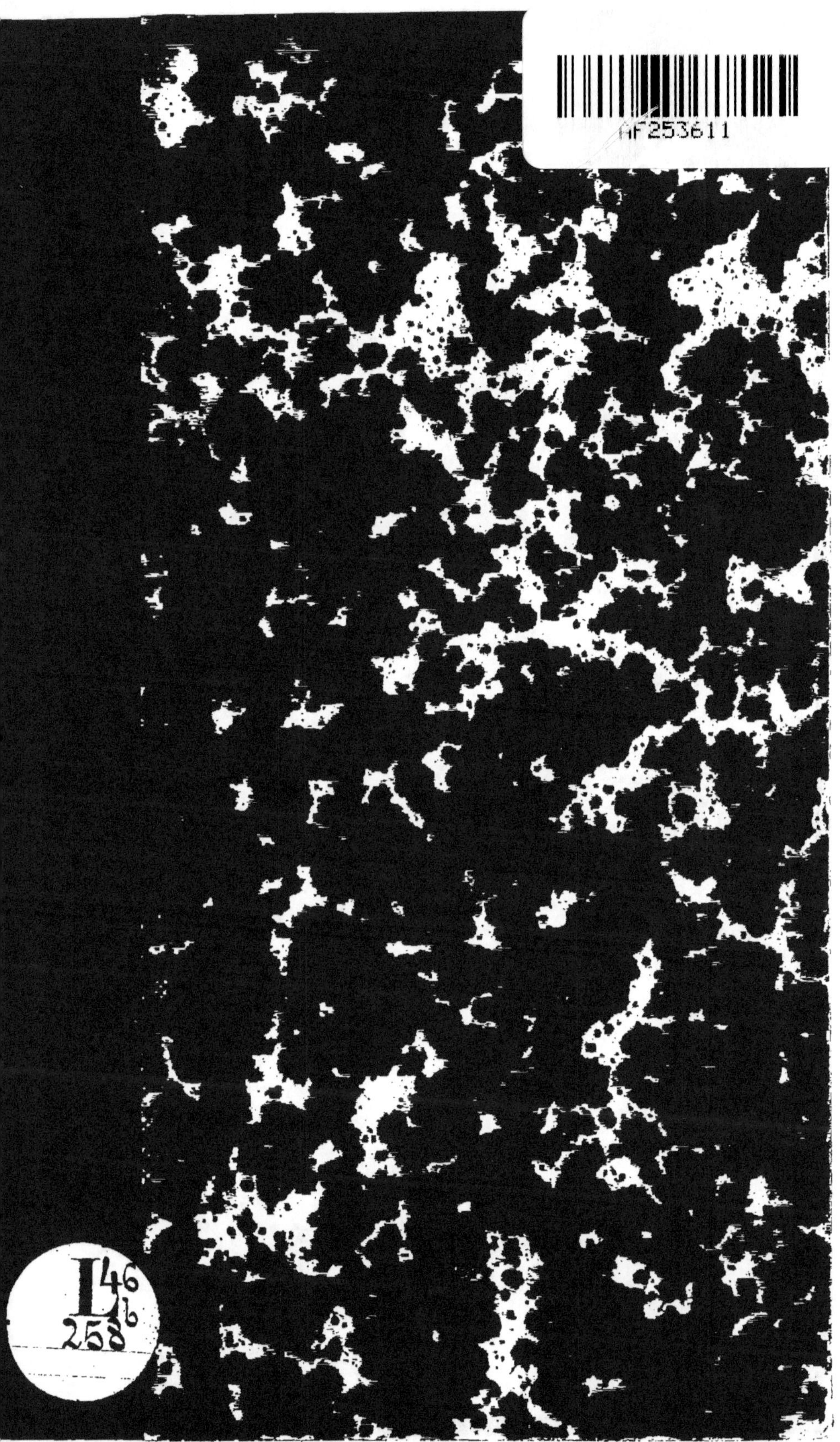

46

Lb 258.

CORRESPONDANCE

POLITIQUE

DE

DEUX OFFICIERS FRANÇAIS.

PAR M^r. A. JACQUES (DE NEMOURS).

Nota. (Les premières lettres de cette correspondance ont été écrites sous le gouvernement du Roi.)

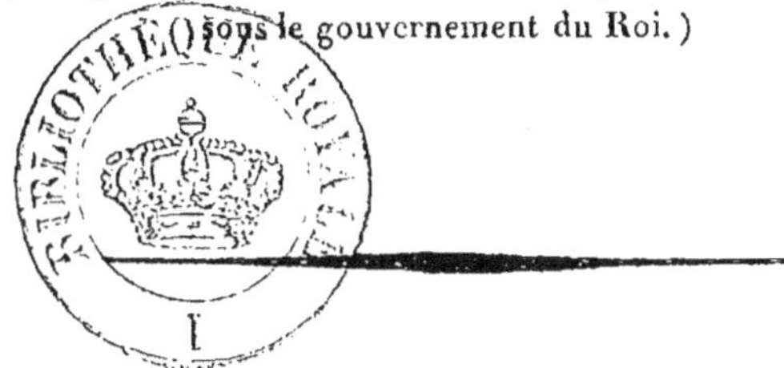

A PARIS,

CHEZ LES MARCHANDS DE NOUVEAUTÉS.

1815.

CORRESPONDANCE

POLITIQUE

DE

DEUX OFFICIERS FRANÇAIS

LETTRE PREMIÈRE.

Albert a Ernest.

Tout le monde se mêle ici de politique, point de visite, point de repas, point de parties qui se passent sans cela : mais on finit toujours par se disputer avec aigreur : le bourboniste dit des injures au napoléoniste, qui les lui rend au double ; le modéré lui-même s'emporte, en recommandant aux autres la modération.

Quand trouverai-je un homme qui veuille raisonner avec calme et bonne foi ?

Nous avons la paix, disent bien des gens, d'un air de satisfaction. Oui sans doute nous avons la

"

paix, mais elle ne durera qu'autant que l'on voudra bien nous en laisser jouir.

On ne voit que le présent ; on préfère une tranquillité momentanée, précaire, à de violentes secousses suivies d'un long repos : ces deux mots, force et paix, sont inséparables selon moi.

Toutes les guerres entreprises par Napoléon, tenaient à un plan vaste dont l'exécution eût amené la chûte de l'Angleterre. Peut-être fallait-il que l'Empereur marchât plus lentement vers le but qu'il se proposait d'atteindre, peut-être devait-il, en circonscrivant la France dans ses limites naturelles, chercher moins à faire des conquêtes que des alliances, soumettre les peuples moins par la force des armes que par des bienfaits, et leur présenter son système sous un autre point de vue, qui leur en démontrât pour eux-mêmes, les inappréciables avantages.

D'ailleurs, comme la nature a donné, dit Jean-Jacques dans son contrat social, des termes à la stature d'un homme bien conformé, passé lesquels elle ne fait plus que des géants ou des nains, il y a de même, eu égard à la meilleure constitution d'un Etat, des bornes à l'étendue qu'il peut avoir. Il existe dans tout corps politique, un maximum de forces qu'il ne saurait passer ; et dont il s'éloigne souvent à force de s'agrandir. Plus le

bien social s'étend , plus il se relâche , et en général, un petit Etat est proportionnellement plus
fort qu'un grand.

LETTRE II.

Ernest a Albert:

Les grands évènemens des années 1812, 1813
et 1814 offrent un inépuisable sujet de réflexions
aux publicistes, aux philosophes , et surtout aux
rois.

Il faudrait pour retracer ces évènemens , la
plume d'un Tacite ou d'un Salluste ; c'est peu ,
pour prononcer sur le gouvernement de Napoléon , pour assigner le plus ou le moins de pro-
babilités de succès que pouvaient avoir ses des-
seins hardis , pour bien juger en un mot , les
opérations de sa politique , soit dans l'ensemble ,
soit dans le détail , soit isolément à l'égard de la
France , soit combinées avec les rapports et les
intérêts des autres peuples , il faudrait joindre à de
grandes connaissances en législation , en commerce, en droit public , beaucoup de modération
et d'impartialité.

La chûte d'un homme dont les talens militaires

et le puissant génie étaient soutenus par une activité prodigieuse, excite d'abord l'étonnement et
l'effroi ; un sentiment morne oppresse l'ame ; on
regarde long-tems avec stupeur les débris de tant
de gloire, on contemple encore avec admiration
ce colosse abattu dont la tête s'élevait naguère
jusqu'au ciel.

Ce n'est point dans ces premiers momens de
trouble et de surprise, que l'écrivain qui veut
manier le burin de l'histoire peut asseoir un ju-
gement solide, et prévenir celui de la postérité.

Peut-être une des causes de la chûte de Napoléon, est-elle la rapidité même de ses triomphes ;
il ne suffit point de vaincre, il faut selon les cir-
constances, toujours modificatives, tantôt laisser
aux vaincus leurs usages et leurs lois, tantôt d'une
manière lente et graduelle, y substituer ceux des
vainqueurs : une nation abattue ne perd point
tout-à-coup le respect pour ses institutions, l'a-
mour pour son roi, et le sentiment de son indépendance première, elle ne s'identifie point tout-
à-coup avec celle qui l'a soumise.

Napoléon a beaucoup fait comme guerrier,
point encore assez comme législateur : c'est pendant la paix que le génie peut asseoir les institutions politiques sur une base inébranlable.

Le chef d'un empire doit récompenser les

militaires; mais en se les attachant exclusivement ;
il les isole de la patrie et mécontente le reste des
citoyens : alors , peu-à-peu , s'oublient les rapports étroits, et se relâchent les liens sacrés qui ne
doivent faire qu'un du prince et des sujets. Une
armée rassemblée uniquement pour faire des conquêtes , et non pour protéger son pays contre
toute agression injuste , ne peut manquer de s'en
séparer à la longue; il est à craindre même qu'a-
près un certain laps de tems, elle n'y devienne
tout-à-fait étrangère, et qu'à la noble impulsion
de la gloire, au désintéressement, à l'honneur
national, ne succèdent le vil esprit d'égoïsme et
l'amour effréné du pillage.

Une autre chose plus pernicieuse encore qui
découle de cette dernière , c'est quand l'armée
s'établit corps délibérant.

Il y a ici une lacune.

LETTRE III.

ERNEST A ALBERT.

L'ordonnance pour la fermeture des boutiques
le dimanche n'a point excité de fermentation ;
mais je me méfie de ce calme apparent. Il est hors

de doute qu'une semblable mesure est vexatoire :
tout ce qui gêne la liberté individuelle en ce qui
ne nuit point à l'ordrep ublic, est un acte de
tyrannie.

Il me semble que le gouvernement suit une
marche absolument opposée à celle d'une bonne
et sage politique ; de l'accessoire il fait le princi-
pal. Qu'importe que le marchand ouvre sa bou-
tique et que l'artisan ou le cultivateur travaille le
dimanche ; l'essentiel est de ranimer le commerce,
de réparer les malheurs de la guerre, d'occuper
les ouvriers, de récompenser les défenseurs de la
patrie.

Les prêtres se permettent quelques actes arbi-
traires ; ils annoncent trop ouvertement leurs pré-
tentions ambitieuses, et paraissent ne point vouloir respecter la ligne de démarcation établie par
la philosophie et le sens commun , entre le civil
et le spirituel.

Combien il serait affreux que les prêtres usur-
passent de nouveau l'autorité temporelle et vou-
lussent faire un état dans l'État ; on verrait renaître
alors ces tems d'ignorance et de barbarie où la
raison et la justice étaient foulées aux pieds ; on
verrait renaître l'intolérance sacerdotale.

Maintenant, dit J.-J. Rousseau, qu'il n'y a plus
et qu'il ne peut plus y avoir de religion nationale

exclusive , on doit tolérer toutes celles qui tolèrent les autres , autant que leurs dogmes n'ont rien de contraire aux devoirs du citoyen ; mais quiconque ose dire : hors de l'église point de salut, doit être chassé de l'état , à moins que l'état ne soit l'église, et que le prince ne soit le pontife.

LETTRE IV.

ALBERT A ERNEST

Les prêtres et certains nobles vont bien vîte ; prétendent-ils donc nous ramener les institutions gothiques !

A moins d'anéantir les bibliothèques , l'Europe ne peut rétrograder aujourd'hui pour la civilisation et pour les lumières ; l'instruction est universellement répandue ; le peuple connaît ses droits et sent sa dignité ; partout il réclâme une constitution libérale.

Le peuple est désabusé des vaines théories de politiques fallacieux ; il ne prend plus la licence pour la liberté , le délire pour l'enthousiasme ; il demande que la loi soit égale pour tous sans distinction de rang ; il ne veut point être asservi à un petit nombre d'hommes ; il ne veut pas non plus les asservir ; le peuple est modéré, mais il est fort.

C'est un très grand mal aussi que dans un Etat, des particuliers ou des dignitaires possèdent une fortune colossale ; il me semble que le but de tout bon gouvernement doit être , en respectant les propriétés , de rapprocher les degrés extrêmes. L'excessive opulence et l'excessive misère sont également dangereuses.

De grands dignitaires, dès-lors qu'ils jouissent d'une immense fortune , ou cherchent à se faire un parti dans l'Etat pour empiéter sur l'autorité suprême, ou n'ayant plus rien à desirer, oublient le soin de leur gloire , et s'amolissent dans un honteux repos.

LETTRE V.

ERNEST A ALBERT.

Napoléon est en France!!!

*Nunc decet aut viridi nitidum caput
impedire myrto ,
Aut flore terræ quem ferunt solutæ.*

LETTRE VI.

ALBERT A ERNEST.

Bien des gens ont été long-tems sans pouvoir donner aucune croyance à la nouvelle du débarquement de l'Empereur : d'autres ne s'en embarrassaient nullement ; les dispositions étaient, disaient-ils, toutes faites pour le prendre mort ou vif.

J'ai recueilli la conversation de deux dévotes : elles espéraient qu'il serait massacré, elles conjuraient le ciel de hâter l'accomplissement de leurs vœux : dès qu'elles apprirent son arrivée à Paris, leurs saintes prières déçues d'un côté, ne se ralentirent pas pour cela ; elles se retranchèrent dans la guerre civile : les partisans des Bourbons allaient déployer la plus grande énergie, la Vendée s'insurrectionnait , 50,000 Bordelais , ayant à leur tête le duc d'Angoulême, portaient partout le fer et la flamme ; et ces vénérables béguines tressaillaient de joie et bénissaient Dieu à la douce expectative d'un bouleversement général.

Deux individus, zélés royalistes, suivaient sur une carte la marche de l'Empereur ; l'un le massacrait à Antibes, l'autre le mettait en pièces à Grenoble. Le lendemain de son arrivée à Paris , ils vinrent m'annoncer cette nouvelle d'un air de contentement. Nous l'avions bien prévu, disaient-ils, au moins nous aurons un gouvernement fort.... Avant, ils se félicitaient d'en avoir un paternel.

LETTRE VII.

ERNEST A ALBERT.

Puisse Napoléon, fidèle aux premiers rayons de sa gloire, respecter l'indépendance des peuples en maintenant la nôtre, faire fleurir l'agriculture, cette mère nourricière des Etats, et revivifier, en un mot, toute cette belle France qui porte dans son sein tant de germes de prospérité!

Beaucoup de gens allèguent contre lui la légitimité des Bourbons : les dynasties sont-elles donc éternelles, et presque toutes n'ont-elles pas commencé par des usurpateurs?

Napoléon n'a rien usurpé ; la France entière l'a reconnu, l'a choisi pour Souverain.

Tout finit, les dynasties comme les empires : avancer qu'une seule famille doit toujours rester sur le trône, c'est avancer une absurdité.

Depuis long-tems les Bourbons étaient dégénérés. Louis XV, ce prince faible et dissolu, resta spectateur indifférent du grand mouvement qui fut imprimé, sous son règne, à la politique et à la philosophie; il eut dû le diriger ce mouvement, il eut pû du moins, en être le modérateur. Un prince, quand il ne veut point se soumettre aux opinions ni aux mœurs de son siècle, doit avoir assez de force pour maintenir ce qui existait auparavant, ou pour donner une autre tendance aux esprits.

LETTRE VIII.

Albert a Ernest.

Malgré quelques brouillons et un très-petit nombre de fanatiques, nous aurons la paix intérieure : eh! qui pourrait desirer de voir se rallumer les torches de la guerre civile!

Maintenant que nos ames ont été retrempées par l'adversité, notre bonheur dépend de nous.

Puisse la Nation française si vive, si aimable, d'une imagination si fraîche et si flexible, d'un goût si pur, d'un tact si fin des convenances, et d'une valeur si brillante, joindre à ces dons heureux, plus de modération dans les opinions, plus de solidité dans le carractère, plus de rectitude dans les idées. Puisse-t-elle avoir un esprit national !

Quelles sont les principales causes de nos malheurs ? La dissidence de sentimens, l'exagération dans les opinions, la versalité de principes. Il nous arrive trop souvent de briser la statue que nous encensions la veille.

Il existe aussi parmi nous un grand nombre d'hommes qui prévoient avec indifférence les revers et les troubles de la patrie ; mais lorsqu'elle se trouve déchirée en tout sens, n'ont-ils donc point individuellement leur part des calamités publiques ? Ce honteux égoïsme est réellement un faux calcul.

L'avilissement de leur pays importe peu à ces mêmes hommes ; pourvu que leur intérêt particulier ne soit pas froissé, ils s'estiment assez heureux.

Je connais de petits marchands et certains spéculateurs qui verraient d'un œil sec le malheur et la ruine de la moitié de la France, s'ils y trouvaient le moindre avantage pécuniaire.

Un autre reproche à faire à notre nation, c'est de murmurer inconsidérément contre ses chefs ; d'exiger d'un gouvernement qui commence, les avantages d'un gouvernement solidement établi ; de ne point vouloir se pénétrer de cette vérité, que le bien ne s'opère pas tout-à-coup; qu'il est des institutions, des lois dont le tems seul démontre la sagesse et l'utilité.

Un nouvel ordre de choses amène de nouvelles relations politiques et civiles, froisse souvent des intérêts, impose des obligations pénibles; mais il faut considérer si ces nouvelles relations n'ouvriront point un jour d'autres sources de prospérité publique; il faut supporter ces privations passagères, lorsqu'on peut en espérer un bien éloigné, mais durable; il faut, en un mot, oublier quelquefois que l'on est marchand ou spéculateur, pour se ressouvenir que l'on est citoyen; et qu'à ce titre, on doit, dans bien des occasions, subordonner l'intérêt personnel à l'intérêt général.

J'ai vu des Français froidement cruels, calculer sur la dévastation de leur pays.

LETTRE IX.

ALBERT A ERNEST.

Je ne peux contenir des mouvemens d'indignation lorsque j'entends desirer le retour des institutions gothiques : le peuple est trop instruit, disent des gens intéressés à le voir croupir dans l'ignorance : ces gens-là ne combattent que pour leurs priviléges; ils sont ennemis des lumières; ils savent qu'un peuple éclairé connaît ses droits et veut être soumis, non à tel ou tel homme, à telle ou telle caste, mais à la loi.

Malheureux! prétendez-vous faire rétrograder l'espèce humaine? Ce pas est-il possible? Brûlerez-vous toutes les bibliothèques, arracherez-vous de nos cœurs l'immortel souvenir des grands hommes qui plaidèrent la cause de l'humanité, qui fixèrent les droits respectifs des peuples et des rois!

Cependant, cher Ernest, ce pas rétrograde, peut-être allait-il se faire? Une tyrannie tantôt sourde, tantôt déclarée s'efforçait de comprimer nos ames, de les avilir, de donner une autre tendance à l'opinion : la jeunesse était élevée dans les principes d'une religion essentiellement intolérante; de petites vues, de petites considérations succédaient insensiblement aux idées généreuses : si l'ouvrage des prêtres et des nobles avait eu le tems de se consolider, nous étions esclaves pour jamais; une nation ne revient point deux fois de la barbarie, à la civilisation.

N'avons-nous pas vu des hommes qui honorent leurs pays, être désignés, les uns comme athées, les autres comme déistes, et par cela même, exclus de l'Institut ?

Pourquoi les partisans du régime gothique ne veulent-ils point que le peuple soit libre? Cette liberté leur nuit-elle en quelque chose? ne jouissent-ils point en paix de leurs biens? Respect aux propriétés, voilà la base de toute charte vraiment constitutionnelle.

Q'est-ce donc qu'ils demandent? Des priviléges sans doute, des droits honorifiques; ainsi l'orgueil et le vil intérêt personnel leur font méconnaître les droits et les priviléges du genre humain, bien plus sacrés, bien plus anciens que les leurs.

LETTRE X.

Ernest a Albert.

Je relisais dernièrement les vœux d'un solitaire : oh! mon ami, que l'auteur de cet ouvrage aimait son pays et l'humanité !

« Tout Français, dit-il, doit avoir l'espérance de monter par son mérite, jusqu'aux premières places de l'Etat, sans naissance, sans argent et sans intrigue. C'est à cette liberté et à ses perspectives que la France a dû sa grandeur sous le despotisme même, et notamment sous celui de Louis XIV. Depuis ce prince, les talens se sont affaiblis en France, précisément dans la partie de l'administration dont les corps sont devenus aristocratiques. Il vaut mieux, sans contredit, que l'Etat soit honoré, enrichi, sauvé par le fils d'un paysan, que déshonoré, ruiné, perdu par le fils d'un prince. Ainsi, comme par le passé, un soldat pourra devenir maréchal de France, un matelot, chef d'escadre et même amiral, afin que nous puissions revoir encore des Fabert, des Jean-Bart, etc. Rome n'a dû son ensemble, sa puissance et sa durée qu'en donnant à tous ses citoyens l'espoir de parvenir à tout.

Les idées de Bernardin-de-St.-Pierre sur le commerce des grains, sont aussi infiniment sages. Il n'y a point, dit-il, de famille un peu à son aise, qui n'ait sa provision d'argent assurée, au moins pour vivre un an ; il est donc bien étrange que la grande famille de l'Etat n'ait pas sa provision de blé en magasin, pour vivre au moins cet espace de tems. Je crois nécessaire que l'Etat, avant de permettre l'exportation des blés, en ait sa provision pour un an au-dela de la récolte future.

Les magasins particuliers font les disettes publiques, mais on n'a rien de semblable à redouter, si les magasins de blés sont à la nation et administrés par les assemblées provinciales. L'assemblée nationale instruite du superflu des blés dans un canton, et de leur rareté dans l'autre, éclairerait l'autorité du monarque, et, par son moyen, entretiendrait, dans tout le royaume, l'équilibre des subsistances de premier besoin.

LETTRE XI.

Le même au même.

Il paraît que l'Empereur veut établir une monarchie tempérée; c'est-là le vœu des vrais citoyens; ce fut aussi l'objet des grands travaux de l'assemblée constituante.

Les vœux d'un solitaire renferment à cet égard les principes les plus lumineux. Il serait inutile de te les rapporter; je t'engage à les voir dans l'ouvrage même : seulement je te ferai connaître quelques-unes des idées de l'auteur sur les impôts.

« Pour que l'impôt territorial soit réparti également sur les personnes, il doit l'être inégalement sur les biens; l'arpent étant taxé par un impôt territorial prélevé en nature et non en argent, chaque propriété qui serait au-delà de vingt arpens, supporterait une légère taxe appelée l'impôt de censure : il doublerait pour ceux qui auraient trois arpens, quadruplerait pour ceux qui en auraient quatre. Ainsi pendant que les propriétés particulières iraient en progression arithmétique, 1, 2, 3, 4, l'impôt de censure croîtrait en progression géométrique, 1, 2, 4, 8, de manière qu'il serait égal, pour une possession de mille arpens, à l'impôt territorial de ces mêmes mille arpens, double pour celle de deux mille, quadruple pour celle de trois mille, octuple pour celle de quatre mille.

» Cet impôt de censure paraît, à tous égards, fondé en justice : car si vingt arpens appartenans à un famille, paient la moitié moins que vingt arpens des mille qui appertiendraient à un seul propriétaire, d'un autre côté ; ces vingt premiers arpens rendent à proportion beaucoup plus en denrées et en hommes ; mille arpens sous un seul propriétaire, ont, chaque année, un tiers de leur étendue en jachères, et sont mis en valeur tout au plus par dix familles domestiques, de cinq personnes chaque, c'est-à-dire par cinquante personnes, tandis que ces mille arpens divisés en cinquante propriétés de vingt arpens, seront cultivés par-tout, et feront vivre cinquante familles libres et industrieuses, c'est-à-dire deux cent cinquante citoyens.

» Cet impôt de censure croîtrait avec l'étendue des propriétés, comme le tarif des diamans et des glaces dont le luxe est d'ailleurs bien moins dangereux que celui des terres qui entraîne infailliblement la ruine d'un état, ainsi que l'ont observé Plutarque et Pline, à l'occasion de l'Afrique, de la Grèce et de l'empire Romain.

» Il résulterait d'un tel impôt, que les grandes propriétés payant plus et rendant moins, deviendraient plus rares, et que les petites propriétés payant moins et rendant plus, deviendraient plus communes ».

LETTRE XII.

ALBERT A ERNEST.

Je t'attends impatiemment ; je voudrais que tu fusses témoin de la prodigieuse activité de l'Empereur ; que tu jugeasses de près cet homme étonnant qui ravive tout par sa présence, qui semble communiquer à tout ce qui l'entoure la chaleur de son ame et la force de ses conceptions.

Sur quel genre de mérite ne verse-t-il point

ses bienfaits! les sciences, les arts libéraux, les arts industriels, entrent tous dans la sphère de son intelligence, ont tous des droits à sa sollicitude; un seul mot de sa bouche électrise le militaire, le savant et l'artiste.

Quelle gloire sera plus éclatante et plus pure que la sienne, s'il peut joindre à tous les titres qui l'immortalisent, celui de régénérateur de la patrie!

LETTRE XIII.

ALBERT A ERNEST.

Je ne crois point à la coalition : quel droit l'Europe a-t-elle de nous donner un maître ? sommes-nous donc faits pour être soumis à des lois autres que celles que nous avons consenties, à un prince autre que celui dont nous avons fait librement choix. Français! on n'a pas même l'adresse de dérober à vos yeux les fers que l'on vous prépare; on vous dit, vous allez être esclaves; c'est vous empêcher de jamais le devenir.

Le manifeste des alliés se réduirait à ceci.

Nous venons à main armée vous contraindre d'obéir à tel ou tel homme; nous venons vous ôter un souverain reconnu solennellement par vous, pour lui en substituer un de notre création ; nous venons étouffer dans vous le sentiment de votre indépendance, de votre gloire, et sur les ruines des sciences, des arts, des grandes institutions, relever l'édifice du monarchisme et de la féodalité ; nous venons, enfin, vous avilir pour vous opprimer mieux.

Quelle serait notre réponse ? plutôt une paix tardive achetée au prix de notre sang, que le calme affreux de la servitude : plutôt l'anéantissement de la France que son avilissement.

Mais notre belle patrie ne sera point subjuguée : la force et l'équilibre de l'Europe, les idées élevées, tout ce qu'il y a de grand, de beau, d'utile, est inséparablement lié à l'existence de la nation française ; si elle pouvait être asservie et démembrée, l'Europe retomberait inévitablement dans la barbarie, elle reverrait s'épaissir dans son sein les ténèbres de l'ignorance ; on n'oserait plus prononcer le nom des grands hommes nés parmi nous, et appartenant à tous les pays, par la noble hardiesse de leurs opinions et les principes d'une sublime philosophie qui embrasse l'universalité des individus : leurs ouvrages seraient proscrits : eh ! comment nos oppresseurs, ceux qui s'efforceraient de compri-

mer tout élan généreux , d'étouffer tout sentiment libre , en un mot, de dégrader nos ames ,
nous permettraient - ils la lecture de ces chefs-
d'œuvre de raison et de sagesse , où les droits du
genre humain sont plaidés avec tant d'éloquence ?
Ce serait donc un crime de penser ; mais , par une
juste réaction, les peuples mêmes qui nous auraient enchaînés, le seraient à leur tour par des
maîtres impérieux , affranchis de toute entrave :
l'esprit de servitude se propagerait avec rapidité ;
bientôt enfin il n'y aurait plus que quelques des-
potes insolens et des millions d'esclaves abrutis.

Je viens de raisonner hypothétiquement. Si
l'on nous attaquait, toutes les forces de l'Europe
viendraient se briser contre nous , et la postérité
dirait : Une armée innombrable s'est précipitée sur
la France pour la ravager et l'asservir, sous le spé-
cieux prétexte de la liberté du monde; mais elle
n'a recueilli d'autre fruit d'une injuste entreprise,
que la honte et le désespoir d'y avoir échoué.

C'est peu de proposer la paix ; l'Empereur veut
l'asseoir sur des bases solides , il veut lui donner
une garantie. Le rétablissement du trône impérial,
dit ce grand prince , était nécessaire au bonheur
comme à l'indépendance des Français; ma plus
douce pensée est de le rendre en même temps
utile à l'affermissement du repos de l'Europe. Une

belle arène est aujourd'hui ouverte aux souverains, et je suis le premier à y descendre. Après avoir présenté au monde le spectacle de grands combats, il sera plus doux de ne connaître désormais d'autre rivalité que celle des avantages de la paix, d'autre lutte que la lutte sainte de la félicité des peuples.

LETTRE XIV.

Albert a Ernest.

Je te disais, dans ma dernière lettre, que tous les efforts de l'Europe se briseraient contre une nation qui veut défendre son indépendance et jure de respecter celle des autres peuples. En effet, tu ne peux te faire une idée de l'enthousiasme de tous les vrais Français. Napoléon a pour lui la génération qui finit et celle qui commence ; j'ai vu des hommes plus que nonagénaires, retrouver, en parlant de ce héros, la force et la chaleur de leur jeune âge ; j'ai vu des enfans s'incliner avec respect devant les aigles. Eh ! qu'ils sont insensés, qu'ils sont vils, les Français indignes de ce nom, qui se flattent d'arrêter le plus noble élan, ceux qui s'efforcent d'arracher de nos cœurs le saint amour de la patrie, ceux qui provoquent notre esclavage et le leur !

Sous Louis XVIII, disent-ils, *on avait la paix, on était tranquille*.... On l'est aussi dans les fers, on l'est dans le fond d'un cachot.

Le roi paternel nous menace d'envoyer contre nous deux millions de soldats pour nous corriger par le fer et la flamme : le bon père !

Une proclamation datée de Dusseldorf, ne laisse plus de doute sur les intentions des alliés : ils viennent diviser une terre impie, et se partagent, en espérance, les biens nationaux.

Par une étrange absurdité, ils affectent du mépris pour notre nation, et puis ils avouent qu'ils se sont tous coalisés pour la vaincre. Ces guerriers si peu généreux sont donc aussi de bien mauvais raisonneurs........

Leurs partisans n'ont pas une logique plus saine. Je m'entretenais dernièrement avec deux femmes, ou plutôt deux furies ; l'une était jeune, et l'autre d'un âge mûr. Voici à-peu-près notre conversation.

Il faut te dire, avant tout, que nous nous observâmes quelque temps avant de discourir sur la politique ; nous ne nous connaissions point : ces dames paraissaient incertaines de mon opinion, moi j'étais instruit de la leur , même avant qu'elles n'ouvrissent la bouche.

Après avoir bien hésité , elles me dirent enfin : Vous savez sans doute , monsieur , que notre bon roi doit revenir incessamment parmi nous. Non , mesdames , leur répondis-je , je l'ignorais ; qu'y viendrait-il faire? Peut-il désirer de régner sur un peuple qui le repousse ? . . . . Ah ! monsieur , tout ce peuple , au contraire , l'appelle à grands cris.... d'ailleurs la canaille. . . . — La canaille, répliquai-je en les interrompant , n'est point le peuple , elle n'est que la classe des détracteurs d'une liberté raisonnable , des fauteurs de la tyrannie , de turbulens fanatiques. Nous ne voulons point vivre sous l'empire des démagogues ; nous demandons un gouvernement à-la-fois ferme et sage , une monarchie tempérée. — Eh ! monsieur , vous l'aviez , ce gouvernement. — Non , madame , vous ne l'aviez point. — Vous êtes bien brusque , pour un chevalier français. — La galanterie serait ici hors de saison : nous aimons, nous respectons les dames ; mais la patrie nous est encore plus chère.

Croyez-vous , monsieur, pouvoir résister à deux millions d'hommes qui s'apprêtent à fondre sur la France ? Ne vaudrait-il pas mieux , pour éviter la guerre , que vous abandonnassiez Bonaparte et nous rendissiez notre **bon roi** ; d'ailleurs vous savez le succès de la dernière lutte.......

— Je sais, madame, que de mauvais citoyens, que des hommes qui n'ont jamais versé une goutte de sang pour la patrie, s'efforcent de rabaisser notre gloire ; mais où est la honte ? est-ce du côté de ceux qu'ont accablés la force et la trahison, ou de ceux qui se sont mis dix contre un pour nous abattre ?

Elle est pourtant bien admirable, la conduite de cette armée française. Tandis que des imbécilles et de vils partisans du régime gothique cherchent à semer la division, à rendre leur pays le théâtre affreux d'une guerre intestine, ces soldats que vous calomniez, à qui vous osez conseiller de délaisser honteusement leur général et leur père, ces mêmes soldats s'embrassent entre eux et marchent contre l'ennemi commun ; ils vont sacrifier leur vie pour vous défendre.

Mais, monsieur, les jacobins.... — Si Napoléon n'était point revenu, vous les verriez régner aujourd'hui ; Louis XVIII n'avait point assez de force, assez d'énergie pour enchaîner les factions....; il eût succombé bientôt, et toute la France avec lui....; l'anarchie nous eût encore dévoré. Bénissez le retour de ce héros. — Le bénir! nous le détestons : nous prions Dieu... pour sa conservation, sans doute ; c'est-là ce que vous vouliez dire.

Nous sacrifierons notre fortune pour le perdre... et les républicains.... — Je pénètre vos intentions ; vous nous pendriez tous si vous le pouviez : les républicains à vos yeux sont des terroristes ; vous ne faites point de distinction entre les uns et les autres : la différence est cependant bien grande. Je vous souhaite, mesdames, des sentimens plus humains, plus charitables, et un peu plus de patriotisme.

Tel est, mon cher Ernest, le bon esprit qui anime une certaine classe de gens, heureusement peu nombreuse. Ayons la modération, la grandeur d'ame ; les vertus qu'elle n'a pas ; imitons le héros qu'elle outrage.

L'intérêt général exige que nous nous rallions tous autour de l'Empereur ; les Bourbonistes ne voient pas cela, tant la passion les aveugle, tant leur esprit est étroit. Tôt ou tard la France, sous Louis XVIII, serait en proie à des commotions violentes, à des déchiremens horribles. La faiblesse du monarque ne pourrait point en imposer aux factieux ; les partis se réveilleraient ; et, au lieu d'une guerre avec l'étranger, nous en aurions mille dans l'intérieur, bien plus longues, bien

plus funestes , où ces personnes si exaspérées seraient indubitablement victimes.

Nous avons donc tous besoin d'un gouvernement fort ; nos intérêts sont les mêmes : rappro-
chons - nous ; plus de dissidence de sentimens :
membres de la grande famille, ne formons qu'un
vœu , celui du bonheur public fondé sur une paix
glorieuse , et garanti par une sage organisation
des pouvoirs.

FIN.

Paris. De l'Imprimerie de VALADE , rue Coquillière.

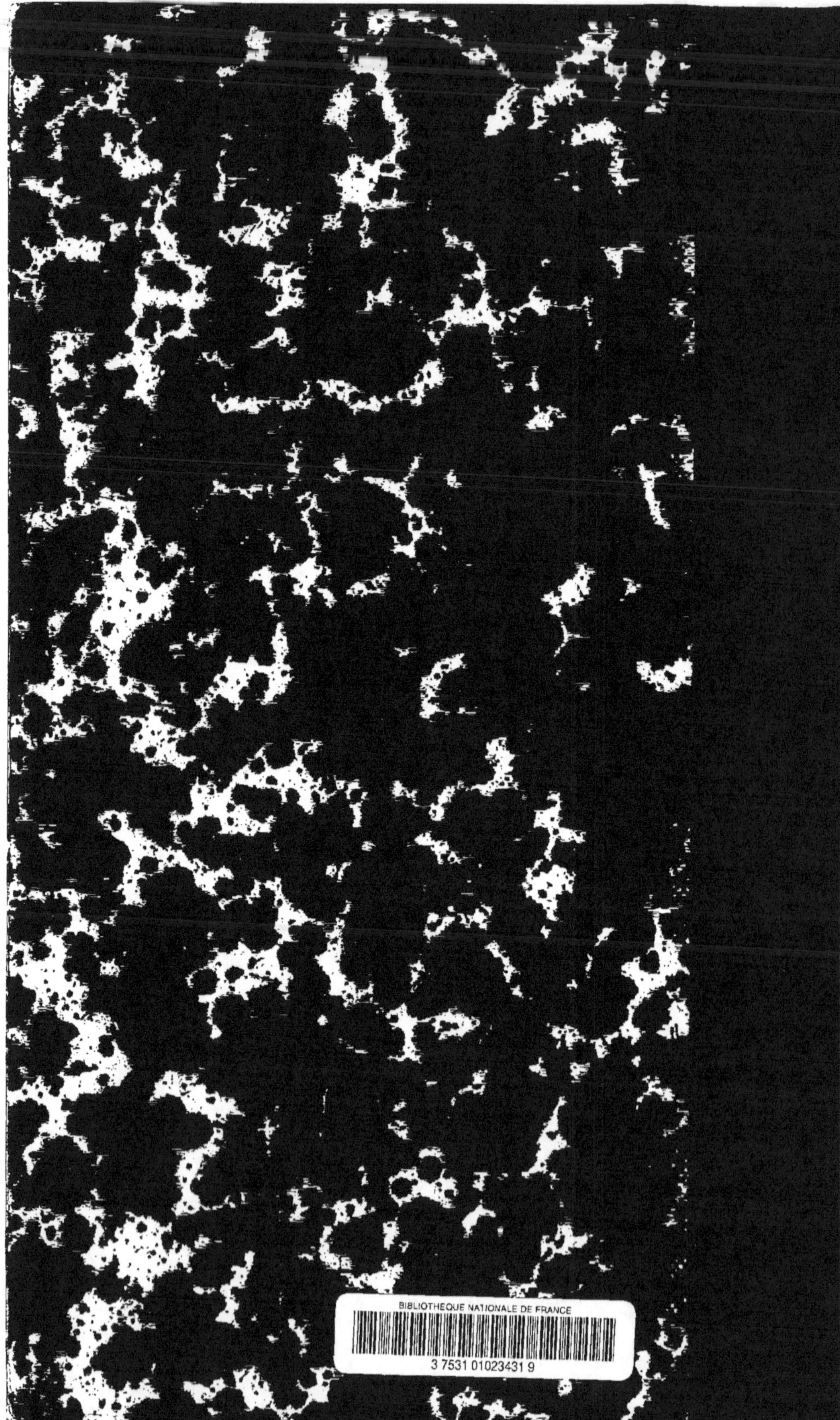